D0938146

# FLORENCE NIGHTINGALE

## PERSONAS QUE CAMBIARON LA HISTORIA

David y Patricia Armentrout

Traducido por Eida de la Vega

Rourke Publishing LLC
Vero Beach, Florida 32964

www.rourkepublishing.com

DERECHOS DE LAS FOTOGRAFÍAS
©Corbis Images págs.12, 17
Las demás fotografías han sido cedidas por la Biblioteca Nacional de Medicina, Bethesda, MD

SERVICIOS EDITORIALES
Pamela Schroeder

**Catalogado en la Biblioteca del Congreso bajo:**

Armentrout, David, 1962-
   [Florence Nightingale. Spanish]
   Florence Nightingale / David and Patricia Armentrout.
      p. cm. — (Personas que cambiaron la historia)
   Includes bibliographical references and index.
   Summary: A simple introduction to the life and work of Florence Nightingale, the nineteenth-century English woman considered to be the founder of modern nursing.
   ISBN 1-58952-169-2
   1. Nightingale, Florence, 1820-1910—Juvenile literature. 2. Nurses—England—Biography—Juvenile literature. [1. Nightingale, Florence, 1820-1910. 2. Nurses. 3. Women—Biography. 4. Spanish language materials.] I. Armentrout, Patricia, 1960- II. Title.

RT37.N5 A46418 2001
610.73'092—dc21
[B]                                                    2001031980

Impreso en EE.UU.—Printed in the USA

# CONTENIDO

# FLORENCE NIGHTINGALE

Florence Nightingale era hija de una rica pareja inglesa. Los padres de Florence, William y Fanny, poseían un carruaje de caballos. Lo usaban para viajar por Europa.

Florence nació el 12 de mayo de 1820, mientras sus padres estaban en Italia. La hermana de Florence, Parthenope, había nacido en Nápoles, Italia, el año anterior.

## LA INFANCIA DE FLORENCE

Florence creció cerca de Londres, Inglaterra. Vivía en una casa grande con muchos sirvientes. Recibía lecciones de maestros privados. A Florence le encantaba leer y escribir. Escribía en su **diario** con frecuencia.

Durante su adolescencia, Florence viajó con su familia. Iba a bailes, a conciertos y a la **ópera**. Florence era una jovencita muy popular.

*A Florence le encantaba leer.*

Durante sus viajes, Florence vio muchas cosas. Observó cómo la guerra y los malos gobiernos causaban daño a todos, especialmente a los enfermos y a los pobres.

Florence escribió sus observaciones en su diario. El 7 de febrero de 1837, Florence escribió: "Dios me ha hablado y me ha pedido que lo sirva". Florence guardó su diario en secreto. Pasarían varios años antes de que Florence supiera de qué modo iba a servir a Dios.

*Florence quería ayudar a los enfermos y a los pobres.*

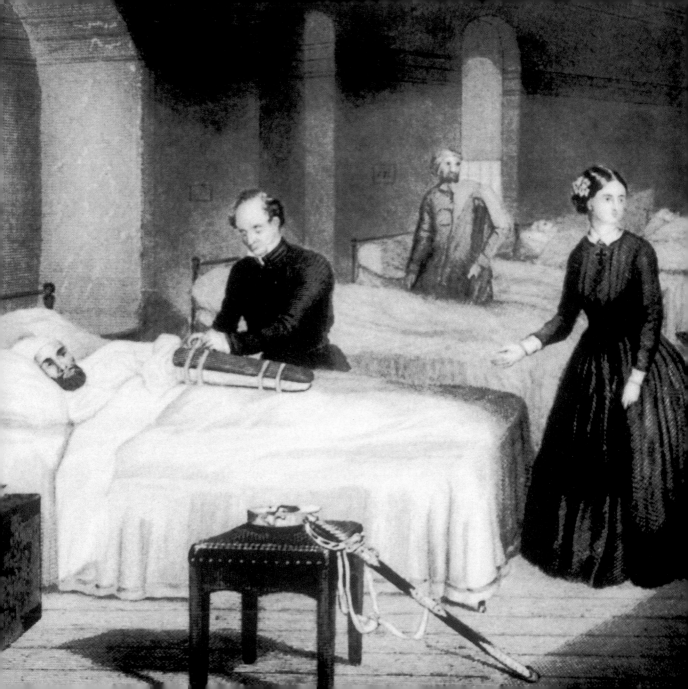

## EL TRABAJO DE DIOS

Durante la década de 1840, Florence pasó mucho tiempo visitando hospitales. Le gustaba ayudar a los pobres y a los enfermos. No quería vivir la vida de una mujer **culta**.

En 1844, Florence decidió que serviría a Dios como enfermera. Florence no le contó a su madre lo que sentía. En esa época, la enfermería no era un buen trabajo. Los hospitales estaban sucios y llenos de enfermedades. No era un buen lugar para una mujer rica.

*Florence decide convertirse en enfermera en 1844.*

## ESTUDIOS SECRETOS

Florence cuidó a su padre y a su hermana cuando estuvieron enfermos. Sin embargo, su familia no quería que ella siguiera su sueño de ser enfermera.

Florence estudiaba libros de enfermería en secreto y se preocupaba por los enfermos. Finalmente, en 1851, Florence se lo dijo a su familia y empezó a estudiar enfermería en Kaiserwerth, Alemania. En 1853, fue a París, Francia, para estudiar en otros hospitales.

*Florence abandonó una vida de lujos para cuidar a los enfermos.*

## HOSPITALES LIMPIOS

Mientras Florence estuvo en Alemania y Francia, observó cómo trabajaban los médicos. Tomó notas de todo y las compartió con médicos de Inglaterra.

Florence regresó a Londres y dirigió un pequeño hospital para mujeres. Se había convertido en una experta en enfermería. Florence sabía la importancia de mantenerlo todo limpio. Se aseguró de que todos los pacientes estuvieran cómodos.

*En la actualidad, las enfermeras trabajan en consultorios y hospitales limpios.*

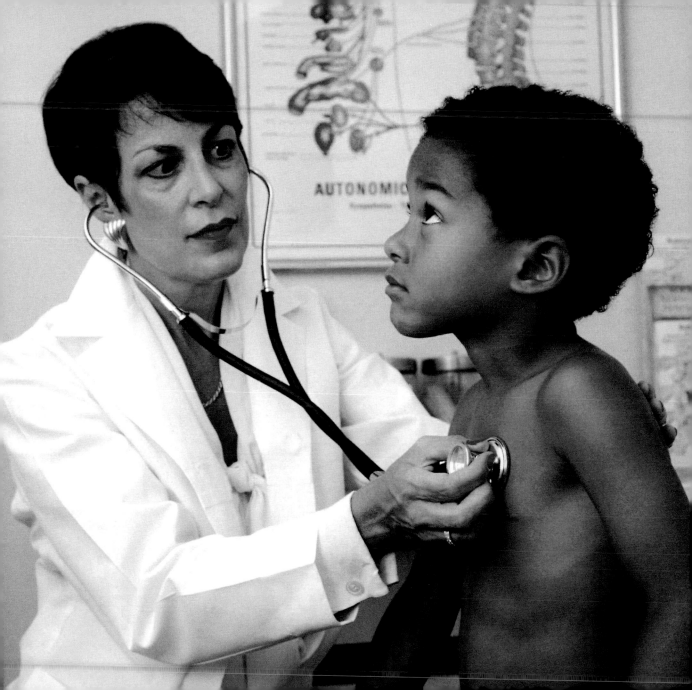

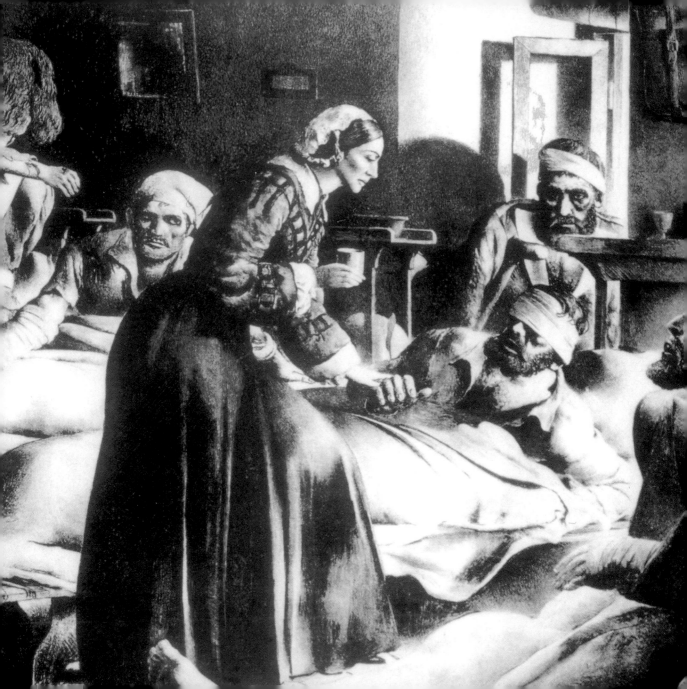

# LA GUERRA DE CRIMEA

En 1854, el Ejército Británico luchó contra Rusia en la **Guerra de Crimea**. Sydney Herbert, un buen amigo de Florence y Secretario de Guerra británico, le pidió ayuda. Los soldados estaban enfermos y heridos y necesitaban buenas enfermeras.

Florence llevó un grupo de enfermeras al hospital Barrack en Turquía. Los hospitales eran horribles. Florence y sus enfermeras hicieron todo lo que pudieron por ayudar a los soldados moribundos.

*Florence tenía que trabajar en condiciones horribles en el hospital Barrack.*

## "LA DAMA DE LA LÁMPARA"

Las noticias del buen trabajo de Florence Nightingale llegaron a Inglaterra. Los soldados la llamaban "La dama de la lámpara" porque por la noche llevaba una linterna en la mano mientras visitaba a sus pacientes.

Después de terminada la guerra, Florence continuó su trabajo. Con dinero de su padre y otras personas, abrió una escuela de enfermería en Londres.

*Esta pintura se titula "La dama de la lámpara".*

# LA FUNDADORA DE LA ENFERMERÍA MODERNA

Las notas de Florence sobre enfermería se convirtieron en libros que se vendieron en el mundo entero.

Florence Nightingale murió el 13 de agosto de 1910. Sus esfuerzos cambiaron los pensamientos del mundo acerca de la práctica de la enfermería. Los hospitales ya no eran más un lugar donde la gente iba a morir, sino un lugar para sanar. La enfermería se convirtió en una **profesión** de verdad.

*Los esfuerzos de Florence Nightingale mejoraron la práctica de la enfermería en todo el mundo.*

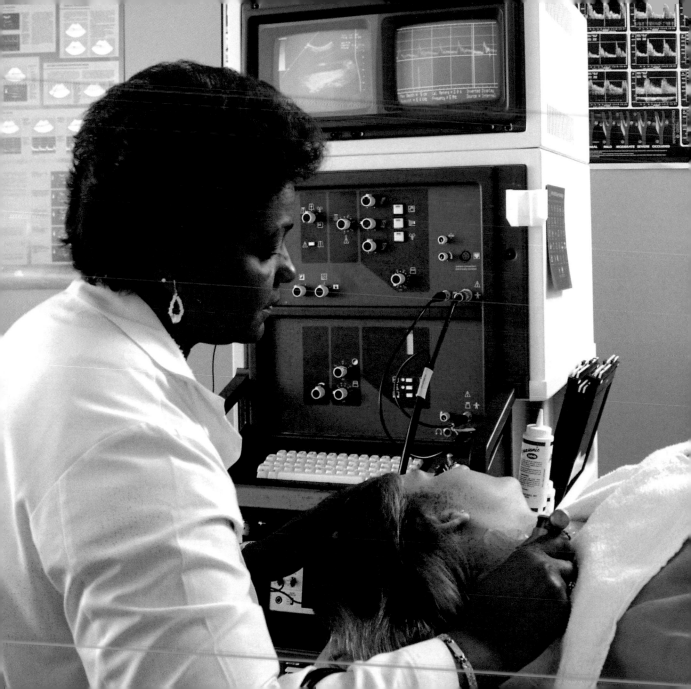

# FECHAS IMPORTANTES PARA RECORDAR

| | |
|---|---|
| 1820 | Nace en Florencia, Italia (12 de mayo)) |
| 1837 | Escribe un secreto en su diario (7 de febrero) |
| 1844 | Decide servir a Dios como enfermera |
| 1851 | Estudia enfermería en Kaiserwerth, Alemania |
| 1854 | Cuida a los soldados de la Guerra de Crimea, en Turquía |
| 1860 | Funda la Escuela Nightingale de Enfermeras en Londres |
| 1910 | Muere en Londres (13 de agosto) |

# GLOSARIO

**Guerra de Crimea** — Una guerra que duró de 1853 a 1856 entre Rusia y Gran Bretaña, Francia, Cerdeña y el Imperio Otomano (actualmente Turquía)

**culta** — persona que muestra un alto nivel de educación y buenos modales

**diario** — libro que se usa para escribir tus propios pensamientos y anotar los sucesos del día

**ópera** — obra de teatro con música

**profesión** — trabajo que requiere una educación especial

# ÍNDICE

## Lecturas recomendadas

Tolan, Mary M. *Florence Nightingale The Founder of Modern Nursing.* Gareth
    Stevens, Milwaukee, WI ©1989
Huxley, Elizabeth. *Florence Nightingale*. G. P. Putnam's Sons, NY ©1975

## Páginas Web recomendadas

- http:/gnv.fdt.net/~dforest/fnindex.htm
- www.dnai.com/~borneo/nightingale/

## Acerca de los autores

David y Patricia Armentrout se especializan en escribir libros de no ficción. Han publicado varios libros de lectura para escuelas primarias. Viven en Cincinnati, Ohio, con sus dos hijos.